小跳豆 幼兒 情緒 故事系列
Jumping Bean

我太興奮

U0111540

新雅文化事業有限公司
www.sunya.com.hk

小跳豆
幼兒情緒故事系列

跟着跳跳豆和糖糖豆一起學習情緒管理！

　　情緒是人類與生俱來的本能，是一種既複雜又難以言明的生理及心理反應。日常生活中，經常會發生一些令孩子情緒受困擾的事情，而很多時候，孩子都不懂得訴說自己的情緒狀態，更不能自己化解。大多數成年人都能接受正面的情緒，例如快樂、喜悅或驚喜，但卻難以接受，甚至傾向壓抑負面的情緒，例如生氣、害怕或難過。因此，家長也應該學習情緒管理，才知道如何有效地幫助孩子化解負面情緒。

　　《小跳豆幼兒情緒故事系列》共6冊，透過跳跳豆和糖糖豆的日常生活經歷，展現各種孩子經常出現的情緒，例如：生氣、害怕、難過、妒忌、想放棄和太興奮，並透過故事讓家長和孩子具體地認識情緒及學習適當地處理情緒的方法。

　　書後設有「我的感覺」和「我的選擇」兩個延伸活動。以書中的故事作基礎，透過親子互動和討論，讓孩子和父母進一步了解更多與情緒有關的學問，一起成為優秀的情緒管理者。

新雅・點讀樂園 升級功能

讓親子閱讀更有趣！

　　本系列屬「新雅點讀樂園」產品之一，若配備新雅點讀筆，爸媽和孩子可以使用全書的點讀和錄音功能，聆聽粵語朗讀故事、粵語講故事和普通話朗讀故事，亦能點選圖中的角色，聆聽對白，生動地演繹出每個故事，讓孩子隨着聲音，進入豐富多彩的故事世界，而且更可錄下爸媽和孩子的聲音來説故事，增添親子閱讀的趣味！

　　「新雅點讀樂園」產品包括語文學習類、親子故事和知識類等圖書，種類豐富，旨在透過聲音和互動功能帶動孩子學習，提升他們的學習動機與趣味！

想了解更多新雅的點讀產品，請瀏覽新雅網頁(www.sunya.com.hk)或掃描右邊的QR code進入 新雅・點讀樂園 。

如何使用新雅點讀筆閱讀故事？

1. 下載本故事系列的點讀筆檔案

1. 瀏覽新雅網頁(www.sunya.com.hk) 或掃描右邊的QR code 進入 新雅•點讀樂園 。

2. 點選 下載點讀筆檔案 ▶ 。

3. 依照下載區的步驟說明，點選及下載《小跳豆幼兒情緒故事系列》的點讀筆檔案至電腦，並複製至新雅點讀筆的「BOOKS」資料夾內。

2. 啟動點讀功能

開啟點讀筆後，請點選封面右上角的 新雅•點讀樂園 圖示，然後便可翻開書本，點選書本上的故事文字或圖畫，點讀筆便會播放相應的內容。

3. 選擇語言

如想切換播放語言，請點選內頁右上角的 粵 普 圖示，當再次點選內頁時，點讀筆便會使用所選的語言播放點選的內容。

4. 播放整個故事

如想播放整個故事，請直接點選以下圖示：

5. 製作獨一無二的點讀故事書

爸媽和孩子可以各自點選以下圖示，錄下自己的聲音來說故事！

1️⃣ 先點選圖示上爸媽錄音 或 孩子錄音 的位置，再點 OK，便可錄音。

2️⃣ 完成錄音後，請再次點選 OK，停止錄音。

3️⃣ 最後點選 ▶ 的位置，便可播放錄音了！

4️⃣ 如想再次錄音，請重複以上步驟。注意每次只保留最後一次的錄音。

爸媽請使用
這個圖示錄音

孩子請使用
這個圖示錄音

今天是跳跳豆和糖糖豆的生日，
他們一早便起牀了。
媽媽説：「生日快樂！
今天我們舉行生日會。」
「太好了！」跳跳豆和糖糖豆
興奮得跳起來。

接下來，爸爸和媽媽都忙於
預備生日會。
媽媽在廚房裏做蛋糕，
爸爸在客廳布置場地。

這時，跳跳豆看見
媽媽捧着剛做好的草莓蛋糕，
開心得大跳起來。
糖糖豆也跑過來一起
繞着媽媽團團轉。

突然間，
糖糖豆的腳滑了一下，
撞到媽媽身上，
媽媽被蛋糕弄污了。

糖糖豆連忙向媽媽道歉説：
「媽媽，對不起！」
「我沒事，廚房這邊太危險了，
你們不如去幫爸爸布置客廳吧！」
媽媽説。

於是糖糖豆和跳跳豆
高高興興地跑到客廳，
他們看見爸爸正在吹氣球。

「嘩！有很多氣球啊！」
跳跳豆和糖糖豆同時高聲歡呼起來。
他們又把所有氣球拋來拋去，
還跳到沙發上去追氣球呢！

突然，「砰」的一聲，
跳跳豆不小心把茶几上
放糖果的碟子打翻了，
糖果散落一地，連碟子也破了。

跳跳豆和糖糖豆連忙道歉説：
「爸爸，對不起！」
爸爸説：「你們因為太興奮
而造成了很多麻煩。
現在你們兩個都要留在房間裏，
自己玩一些安靜的遊戲。」

跳跳豆和糖糖豆留在房間裏。
他們搬來了兩張椅子，
把被單蓋在上面，
想像成一座城堡，
然後帶着心愛的布偶
在裏面開生日會。

過了一會兒，媽媽走進來，說：
「生日會快開始了，
你們來幫忙擺放餐具，好嗎？」

現在，跳跳豆和糖糖豆
感到既期待又快樂，
因為他們知道，
不用等多久，
生日會就會開始了。

我的感覺

小朋友，跳跳豆和糖糖豆遇到下面這些事情時，心情怎麼樣？請參考提供的情緒詞彙，說說看。

 興奮　　 擔心　　 害怕　　 期待

1.

媽媽做了美味的蛋糕

2.

打破了碟子

3.

客人快來了

給爸媽的話

跟孩子討論故事角色的情緒，可以幫助孩子學習理解他人的感受。家長可在這部分為孩子介紹描述情緒的詞彙，同時讓他們分享自己的感覺。

我的選擇

小朋友，如果要等候一段時間生日會才開始，你會選擇哪些做法？請說說看。

1.

興奮地大叫大跳

2.

幫忙準備生日會

3.

一邊等一邊安靜地玩遊戲

4.

執拾一下房間

給爸媽的話

一般處理情緒的方法包括發洩、控制、轉移和疏導。家長可通過角色扮演的方式，讓孩子能更深刻體會故事角色的遭遇，並選擇合乎自己需要的方式。

小跳豆幼兒情緒故事系列
我太興奮

原著：楊幼欣

改編：新雅編輯室

繪圖：郝敏棋

責任編輯：趙慧雅

美術設計：陳雅琳

出版：新雅文化事業有限公司

香港英皇道499號北角工業大廈18樓

電話：(852) 2138 7998

傳真：(852) 2597 4003

網址：http://www.sunya.com.hk

電郵：marketing@sunya.com.hk

發行：香港聯合書刊物流有限公司

香港荃灣德士古道220-248號荃灣工業中心16樓

電話：(852) 2150 2100

傳真：(852) 2407 3062

電郵：info@suplogistics.com.hk

印刷：中華商務彩色印刷有限公司

香港新界大埔汀麗路36號

版次：二〇二一年三月初版

二〇二三年十二月第三次印刷

ISBN: 978-962-08-7582-3